Alle Rechte vorbehalten

Erste Ausgabe, Oktober 2022

Für meine Mutter

Inhaltsverzeichnis

Einführung

Wählen Sie Ihre Nische

Sich von der Masse abheben

Erstellen Ihrer Basis

Aktionsplan ausarbeiten

Erstellen Sie einen

Inhaltskalender

Zeigen Sie ihnen, was Sie drauf haben

Verbindungen knüpfen

Kollaboration ist Trumpf

Erfolgsstrategien

Geld verdienen als Influencer

Sponsoren gewinnen

Schlusswort

Ressourcen

Einführung

Sie haben wahrscheinlich schon von Influencer Marketing gehört, wissen aber vielleicht nicht genau, worum es dabei geht. Dieses Buch zeigt Ihnen genau, wie Sie als Influencer Geld verdienen und gleichzeitig die Markenbekanntheit und das Engagement steigern können! Beim Influencer-Marketing geht es vor allem um die Reichweite und die Verankerung in der von Ihnen gewählten Nische. Je mehr Sie in der Lage sind, mit einer bestimmten Zielgruppe in Kontakt zu treten, desto einfacher wird es sein, Influencer-Marketing-Möglichkeiten zu erhalten.

Das Tolle am Influencer-Marketing ist, dass Sie weder eine große Fangemeinde noch Vorkenntnisse in der Werbung brauchen. Sie können schon mit ein paar tausend Followern ein gut bezahlter Influencer werden. Es kommt auf die Beziehungen an, die Sie in Ihrer Nische aufbauen. Wenn die Menschen Ihren Empfehlungen vertrauen und Sie für eine ehrliche und aufrichtige Person halten, die ihnen helfen möchte, ihre Ziele zu erreichen, wird es für Sie umso leichter sein, an Influencer-Marketing-Kampagnen teilzunehmen, die für Ihre Kunden und Partner erfolgreich sind.

In diesem Buch nehmen wir unter die Lupe, was die Top-Influencer tun, um sich profitable Partnerschaften zu sichern, und wie sie sich für einen dauerhaften Erfolg aufstellen.

Legen wir los!

II

Wählen Sie Ihre Nische

Um ein Influencer zu werden, mit dem man gerne zusammenarbeitet, müssen Sie zunächst eine profitable Nische wählen. Unternehmen und Marken möchten mit Influencern zusammenarbeiten, die in ihrem Markt Fuß gefasst haben und die bewiesen haben, dass sie in der Lage sind, ein großes Publikum anzusprechen.

Es mag zwar verlockend sein, sich in mehrere Nischen zu wagen, aber wenn Sie sich als seriöser Influencer positionieren wollen, sollten Sie sich für einen Hauptmarkt entscheiden, vor allem, wenn Sie gerade erst anfangen.

Wenn Sie sich nicht sicher sind, welche Marktnische für Sie am besten geeignet ist, denken Sie an Ihre persönlichen Erfahrungen und Fähigkeiten. Wovon verstehen Sie etwas? Welche Fähigkeiten besitzen Sie, die für andere in irgendeiner Weise nützlich oder hilfreich sein könnten?

Der einfachste Weg, eine Nische zu finden, in die Sie sich schnell und mit wenig oder gar keinem Lernaufwand einarbeiten können, besteht darin, auf vorhandenen Fähigkeiten aufzubauen. Es ist auch eine gute Idee, eine Nische zu wählen, für die Sie sich leidenschaftlich interessieren. Wenn Sie viel über ein bestimmtes Thema wissen, sind die Chancen groß, dass die Leute daran interessiert sind, von Ihnen zu lernen und Ihre persönlichen Geschichten zu hören.

Wenn Sie sich persönlich für ein bestimmtes Thema interessieren, wird dies auch in Ihrem Marketing und Ihrer Kommunikation zum Ausdruck kommen, und die Menschen werden immer wieder auf Sie zurückkommen, weil Ihre Marketingbotschaft bei ihnen ankommt.

Wählen Sie also eine Nische, für die Sie als Ansprechpartner bekannt sein wollen. Ihre gesamte Marke wird sich auf diese Nische konzentrieren, daher sollten Sie sie sorgfältig auswählen. Sobald Sie herausgefunden haben, für welche Nische Sie sich interessieren, sollten Sie sich einen Überblick über die Konkurrenz verschaffen. Analysieren Sie die Top-Blogs in diesem Markt, um die wichtigsten Themen zu ermitteln und festzustellen, woran die Menschen am meisten interessiert sind und womit sie zu kämpfen haben.

Dies wird Ihnen helfen, einen einzigartigen Blickwinkel für Ihre eigene Marke zu finden, so dass Sie in der Lage sind, mit einem größeren Publikum von Menschen in Verbindung zu treten, die nach spezifischen Informationen suchen. Es wird Ihnen auch dabei helfen, Ihre eigene Website oder Ihren Blog so zu gestalten, dass er Inhalte bietet, nach denen die Menschen hungrig sind.

Dann machen Sie es in den sozialen Medien. Verfolgen Sie die Top-Influencer in Ihrem Markt auf Facebook, Instagram und Pinterest. Schauen Sie sich an, was sie tun, über welche Themen sie berichten und welche Art von Reaktionen sie von ihrem bestehenden Publikum erhalten.

Schreiben Sie alles auf!

Marktforschung ist ein wesentlicher Bestandteil, um ein starkes Fundament für Ihre Marke zu schaffen, aber sie gibt auch den Ton für Ihren Marketingstil und Ihre Stimme an.

Sie sollten auch ein Auge darauf haben, welche Themen die Konkurrenz noch nicht behandelt hat, denn das ist ein großartiger Ansatzpunkt für Ihre eigene Website oder Ihr Social-Media-Konto.

Wie geht es weiter?

Es ist an der Zeit, die Rentabilität der Nische zu bewerten!

Die Validierung einer Nische ist ein wichtiger Schritt, denn Sie wollen sich nicht in einen Markt wagen, der nicht profitabel ist. Sie können das Gewinnpotenzial einer Nische ganz einfach ermitteln, indem Sie die Anzahl der bestehenden Produkte und Dienstleistungen, die in diesem Markt angeboten werden, auswerten. Wenn sich Ihre Nische beispielsweise hauptsächlich an diejenigen richtet, die digitale Produkte wie Kurse, Bücher oder Videos suchen, gehen Sie zu den wichtigsten Marktplätzen und suchen Sie nach diesen speziellen Inhalten.

Amazon ist ein hervorragender Ausgangspunkt, vor allem, wenn Sie sich für eine informationslastige Nische interessieren, wie z. B. Schulungsprogramme oder Leitfäden.

Auch YouTube ist ein unschätzbarer Ort für eine schnelle Nischenrecherche, denn Sie können die Popularität einer Nische ganz einfach an der Anzahl der täglich veröffentlichten Videos sowie an der Anzahl der Abonnenten von Kanälen in diesem Markt ablesen.

Sie sollten auch potenzielle Schlüsselwörter in Ihrem Nischenmarkt recherchieren, indem Sie ein Tool wie das hier erhältliche WordStream verwenden: https://www.wordstream.com

Wenn Sie ein Keyword-Tool zur Ermittlung von Schlüsselwörtern verwenden, können Sie feststellen, wie viele Suchanfragen von aktiven Käufern und Verbrauchern durchgeführt werden, die dieselben Schlüsselwörter verwenden. Auf diese Weise lässt sich die allgemeine Beliebtheit eines Marktes schnell und einfach bewerten.

Wenn Sie feststellen, dass für bestimmte Schlüsselwörter in einer potenziellen Marktnische Tausende von Suchanfragen pro Monat eingehen, ist dies ein klarer Hinweis darauf, dass es sich um einen profitablen Markt mit einer kontinuierlichen Nachfrage nach Produkten und Dienstleistungen handelt.

Tipp: Stellen Sie sicher, dass sich Ihre Keyword-Recherche auf sehr gezielte und nicht auf breite Suchbegriffe konzentriert.

Wenn Ihre Nische z. B. die Gewichtsabnahme ist, wird Ihnen die Suche nach einem breiten Begriff wie "Gewichtsabnahme" nicht die gewünschten Informationen liefern. Das ist viel zu weit gefasst.

Stattdessen sollten Sie sich auf ein bestimmtes Segment des Marktes für Gewichtsabnahme konzentrieren, z. B. "Low-Carb-Diäten".

Ein Influencer in einer Nische zu werden, ist gar nicht so schwierig. Alles beginnt damit, dass Sie Ihre Marke definieren, ein bestimmtes Segment einer Nische auswählen und dann eine Grundlage schaffen, die es Ihnen ermöglicht, sich mit dieser Zielgruppe zu verbinden und zu engagieren.

Es wird einige Zeit dauern, diese Plattform aufzubauen, aber wenn Sie das geschafft haben, werden Sie in der Lage sein, über Jahre hinweg Geld mit Ihren Bemühungen zu verdienen.

III

Sich von der Masse abheben

Wenn es um Nischenmarketing geht, bleibt kein Stein auf dem anderen. Versuchen Sie also nicht, das Rad neu zu erfinden oder eine Strategie zu entwickeln, wie Sie sich dem Markt nähern können, die es vorher noch nicht gegeben hat.

Stattdessen sollten Sie sich darauf konzentrieren, bestehende Strategien zu befolgen, die sich als erfolgreich erwiesen haben. Fügen Sie Ihrem Ansatz dann Ihre eigene spezielle und einzigartige Note hinzu.

Wenn Sie zum Beispiel in der Nische der Low-Carb-Diät recherchieren, werden Sie unzählige Workout-Anleitungen, Mitgliedschaftsseiten und Herausforderungen zum Abnehmen finden. Aber was wäre, wenn Sie auf den Markt kämen und sich darauf konzentrieren würden, Menschen beim Abnehmen mit kohlenhydratarmen und fettreichen Rezepten zu helfen, anstatt mit Workouts?

Um sich von der Masse abzuheben, sollten Sie Trends folgen und gleichzeitig Ihre eigenen kreieren! Wenn Sie in der Lage sind, ein und dasselbe Thema aus einer frischen, neuen

Perspektive zu präsentieren, können Sie Aufmerksamkeit erregen und die Menschen für Ihr Angebot begeistern.

Ein fataler Fehler, den neue Influencer oft begehen, ist der Versuch, alles für alle zu sein. Wie das Sprichwort sagt, ist ein Tausendsassa ein Meister von nichts, und das gilt besonders, wenn es darum geht, eine starke Präsenz in Ihrem Markt aufzubauen.

Anstatt alle Themen in Ihrer Nische abzudecken, wählen Sie 1-2 und konzentrieren Sie sich nur auf diese. Sicherlich können Sie gelegentlich einen themenfremden Artikel veröffentlichen, aber im Großen und Ganzen sollten sich Ihre Inhalte und Ihr allgemeines Engagement auf sehr spezifische Themen konzentrieren.

So schaffen Sie eine Marke, mit der Sie als Experte bekannt werden.

Auch hier gilt: Sie wollen die erste Adresse in Ihrer Nische werden. Um das zu erreichen, müssen Sie ein ganz bestimmtes Thema wählen und sich auf die Erstellung von Inhalten konzentrieren, die eine bestimmte Zielgruppe ansprechen. Sie können später in andere Bereiche vordringen.

Um sich von der Masse abzuheben, ist es wichtig, etwas Neues auf den Tisch zu bringen. Das geht am einfachsten, indem man ein Thema wählt und dann möglichst viele verschiedene Kanäle rund um diesen Markt schafft und dabei etwas Neues anbietet.

Wenn Sie z. B. feststellen, dass die meisten YouTuber in Ihrem Markt formelle Videos erstellen, die einen ernsthaften Ansatz verfolgen, sollten Sie einen Kanal einrichten, der offene Gespräche und ausgefallene Interviews und Inhalte bietet.

Erzählen Sie persönliche Geschichten, teilen Sie Ihre Erfahrungen und scheuen Sie sich nicht, sich Ihrem Publikum gegenüber zu öffnen. Die Menschen können sich damit identifizieren, denn es zeigt ihnen, dass Sie einst mit denselben Problemen und Kämpfen zu kämpfen hatten, mit denen sie jetzt konfrontiert sind, und dass Sie wissen, wie man sie überwindet.

Ein persönlicher Ansatz macht Sie auch zugänglicher, was dazu führt, dass sich mehr Menschen an Sie wenden, wenn sie Inhalte, Ratschläge oder Führungsqualitäten benötigen. Das Erzählen von Geschichten über persönliches Wachstum verbindet Sie mit Ihrem Stammpublikum.

Geben Sie allgemeinen Themen Ihre eigene Note! Ihre persönlichen Geschichten sind einzigartig. Auch wenn Sie also Themen behandeln, die schon oft behandelt wurden, können Sie dennoch eine starke Marke mit einer klaren Botschaft schaffen, die bei Ihrem Publikum Anklang findet.

Der einfachste Weg, eine herausragende Marke aufzubauen, die Aufmerksamkeit erregt, ist es, einen einzigartigen Standpunkt zu vertreten und sich dabei an die Themen zu halten, die in Ihrer Nische nachweislich beliebt sind.

IV

Erstellen Ihrer Basis

Eine der einfachsten Möglichkeiten, ein Influencer in Ihrem Markt zu werden, besteht darin, Ihre Plattformen sorgfältig auszuwählen. Anstatt zu versuchen, auf allen verfügbaren Plattformen präsent zu sein, sollten Sie sich jeweils nur für eine entscheiden und sich darauf konzentrieren, ein Publikum aufzubauen, das sich stark engagiert.

Außerdem ist es schwer, sich als Experte in einer Nische zu positionieren, wenn Sie nicht die Zeit finden, überall dabei zu sein. Bauen Sie Ihr Publikum zunächst auf einer zentralen Plattform auf und erweitern Sie dann Ihre Reichweite, wenn Sie Zeit finden und lernen, wie Sie Ihr Marketing automatisieren können.

Die Wahl Ihrer primären Plattform kann schwierig sein, da sie davon abhängt, wo sich Ihre Zielgruppe aufhält. Das bedeutet, dass Sie weitere Nachforschungen anstellen müssen, um herauszufinden, wo die Mehrheit ihre Zeit verbringt.

Beginnen Sie damit, die verschiedenen sozialen Netzwerke zu bewerten, um festzustellen, welches in Ihrer Nische am beliebtesten ist. Wahrscheinlich werden Sie überall Leute finden, aber eine Plattform sollte Ihnen besonders auffallen. Entscheiden Sie sich für diese.

Instagram zum Beispiel ist bekannt für Mode-Ikonen, Make-up-Tutorials und Beauty-Blogger, während Pinterest für Köche, Künstler, Designer und Heimwerker bekannt ist. Allerdings finden Sie auch auf Pinterest Mode-Ikonen, Make-up-Tutorials und Beauty-Blogger.

Es wird immer Überschneidungen geben, aber es ist wichtig, die Plattform zu bestimmen, die von Ihrem Publikum am meisten bevorzugt wird, damit Sie Ihre Energie darauf konzentrieren können, dort eine Anhängerschaft aufzubauen.

Tipp: Sichern Sie sich Ihren Markennamen in allen beliebten sozialen Netzwerken, damit Sie ihn später verwenden können, wenn Sie Ihre Reichweite ausweiten. Das ist ein wichtiger Bestandteil des Markenschutzes, auch wenn Sie sich zunächst nur auf eine Plattform konzentrieren.

Bei der Entscheidung für ein soziales Netzwerk sollten Sie die Demografie Ihrer Zielgruppe berücksichtigen. Ältere Menschen neigen dazu, Facebook zu nutzen, während jüngere Verbraucher Instagram, Snapchat oder Pinterest bevorzugen. Twitter ist eine gemischte Sache, und Pinterest ist in der Regel auf ältere Berufstätige ausgerichtet.

Wenn Sie sich für eine einzige Plattform entscheiden, wenn Sie gerade erst anfangen, ist es für Sie einfacher, schnell eine starke Präsenz aufzubauen, während Sie gleichzeitig sicherstellen, dass Sie Ihre Zeit sinnvoll einsetzen.

V

Aktionsplan ausarbeiten

Um ein erfolgreicher Influencer zu werden, müssen Sie einen Aktionsplan erstellen, der Sie schnell und einfach vom Anfänger zum Profi macht.

Die Ausarbeitung eines Plans hilft Ihnen auch, sich auf das zu konzentrieren, was Ihr Publikum am meisten will.

Beginnen Sie damit, eine Prioritätenliste zu erstellen. Diese enthält die wichtigsten Aufgaben, die Sie erledigen müssen, um in Ihrem Markt Fuß zu fassen und eine Anhängerschaft aufzubauen.

Beispiel: Erstellen Sie einen Blog und veröffentlichen Sie 5-10 Beiträge, um die Bekanntheit zu steigern und den Leuten genügend Inhalte zu bieten, um sie zum Wiederkommen zu bewegen.

Richten Sie eine Automatisierung des sozialen Engagements mit Tools wie Tailwind ein, die Ihnen nicht nur dabei helfen, Ihre Konten aktiv zu halten, sondern Ihnen auch nützliche demografische und statistische Informationen liefern, die Ihnen bei der Gestaltung Ihrer Inhalte und zukünftigen Kampagnen helfen können.

Bauen Sie einen YouTube-Kanal auf: Veröffentlichen Sie jede Woche am gleichen Tag 1 Video, um einen festen Zeitplan zu erstellen, auf den sich die Abonnenten verlassen können.

Richten Sie ein Konto für eine Mailingliste ein: Es ist viel einfacher, mit Ihrer Zielgruppe in Kontakt zu treten, wenn Sie sie erreichen können, wann immer Sie wollen.

Ihr Influencer-Plan sollte auch bestimmte Hashtags enthalten, auf die Sie in Ihren Sendungen und Updates abzielen werden. Hashtags werden zu einem Teil Ihrer Marke und helfen Ihnen, mit Ihrer Zielgruppe in Kontakt zu treten.

Wenn Sie sich nicht sicher sind, welche Hashtags Sie verwenden sollen, nehmen Sie sich etwas Zeit, um zu recherchieren, was Influencer in Ihrem Markt aktiv verwenden. Erstellen Sie dann eine Datei mit allen möglichen Hashtags und variieren Sie diese in Ihren Nachrichten.

Sie können das Tool All Hashtag Generator verwenden, um schnell beliebte Hashtags in Ihrer Nische zu finden.

Es ist hier verfügbar: https://www.all-hashtag.com/hashtag-generator.php

Geben Sie einfach ein Schlüsselwort ein, und die Website zeigt Listen mit vorgeschlagenen Hashtags an, die auf Relevanz und allgemeiner Beliebtheit basieren. Dies ist eine großartige Möglichkeit, Hashtags zu finden, die gut zu Ihrer Marke passen.

VI

Erstellen Sie einen Inhaltskalender

Um ein erfolgreicher Influencer zu werden, ist es wichtig, konsequent zu bleiben. Die Menschen müssen wissen, was sie von Ihnen erwarten können, und werden sich auf Ihre regelmäßigen Updates verlassen.

Die Erstellung eines Inhaltskalenders ist auch der einfachste Weg, um fokussiert und auf dem richtigen Weg zu bleiben, aber er hilft Ihnen auch dabei, frische Ideen für neue Themen zu entwickeln und gleichzeitig den Überblick über die Inhalte zu behalten, die Sie bereits erstellt haben.

Unabhängig davon, wie Sie Ihre Inhalte veröffentlichen oder in welchem Format Sie sie anbieten wollen, ist ein Inhaltskalender das Mittel der Wahl.

Wie oft Sie neue Inhalte erstellen und veröffentlichen, hängt von Ihrer Nische ab und davon, was Ihr Publikum gewohnt ist. Das bedeutet: Zurück zur Recherche!

Schauen Sie sich an, wie oft Ihre Konkurrenten Inhalte veröffentlichen und welche Formate sie anbieten. Wenn Sie einen YouTube-Kanal einrichten wollen, werden Sie wahrscheinlich mindestens ein neues Video pro Woche hochladen wollen. Wenn Sie einen Blog planen, sollten Sie zunächst 5-10 Beiträge veröffentlichen und dann wöchentlich weitere Beiträge planen.

Nutzen Sie die Automatisierung wann immer möglich zu Ihrem Vorteil!

Im Bereich der sozialen Medien können Sie Tools wie Tailwind verwenden, um Ihre Beiträge und Aktualisierungen zu automatisieren. Mit Wordpress können Sie Beiträge so planen, dass sie an bestimmten Tagen und zu bestimmten Zeiten online gehen.

Je mehr Sie die Automatisierung in Ihren Zeitplan für den Markenaufbau und die Veröffentlichung von Inhalten integrieren, desto einfacher wird es, Konsistenz zu wahren und eine Anhängerschaft aufzubauen.

Wenn es darum geht, welche Art von Inhalten Sie für Ihr Publikum erstellen sollten, analysieren Sie, was die Leute am meisten wollen, und geben Sie ihnen das dann.

Hier sind ein paar Ideen:

Digitale Produkte

Sie sind einfach zu liefern, kostenlos zu versenden und kosten Sie nichts an Inventar oder Gemeinkosten. Außerdem befriedigen sie das Bedürfnis nach sofortiger Information, ohne dass man auf den Versand warten muss.

Die Erstellung informativer, einzigartiger und gut geschriebener eBooks ist eine der einfachsten Möglichkeiten, online Geld zu verdienen, aber es ist auch eine großartige Möglichkeit, in jeder Nische einen Fuß in die Tür zu bekommen und sich einen eigenen Stamm aufzubauen.

Schreiben Sie einen umfassenden Leitfaden zur Lösung eines Problems in Ihrem Markt, oder verfassen Sie einen kurzen Bericht, der ein bestimmtes Problem löst, und verschenken Sie ihn, um Ihre Anhängerschaft aufzubauen und Ihre Liste zu vergrößern.

Der Schlüssel liegt darin, sich auf die Lösung eines bestimmten Problems in Ihrem digitalen Produkt zu konzentrieren oder ein zentrales Problem anzusprechen, mit dem Ihr Markt konfrontiert ist. Wenn Sie planen, Videos zu erstellen, versuchen Sie, sich auf die Erörterung eines Punktes zu konzentrieren, so dass jedes Video speziell für die Lösung einer Frage oder eines Problems gebrandet ist.

Problemlösungsprodukte lassen sich immer leichter verkaufen, aber sie helfen Ihnen auch, Ihren Kundenstamm zu identifizieren und anzusprechen, so dass Sie bei der Erstellung von Marketingkampagnen genau wissen, wie Sie Ihr Publikum erreichen können.

Wenn es darum geht, informative Beiträge für Ihre Website oder Ihren Blog zu verfassen, die Ihr Publikum lieben wird, sollten Sie eine Sammelmappe mit den 10 wichtigsten Fragen aus dem von Ihnen gewählten Markt erstellen. Erstellen Sie dann einen Pfeilerbeitrag, der diese Fragen beantwortet. Dies ist auch eine gute Möglichkeit, Ihre Website für relevante Schlüsselwörter zu optimieren.

Beispiel:

- Wie man mit Self-Publishing auf Amazon Geld verdient: Antworten auf die wichtigsten Fragen

- Abnehmen mit LCHF: Antworten auf die wichtigsten Fragen

Versuchen Sie, einen Redaktionskalender für Ihre Inhalte zu erstellen, damit Sie im Voraus wissen, worüber Sie schreiben (oder was Sie erstellen) wollen.

Idealerweise sollten Sie 3-4 Wochen im Voraus denken, damit Sie entsprechend planen können. So wird auch sichergestellt, dass Sie nicht auf der Suche nach Ideen für Inhalte sind.

Konzentrieren Sie sich bei Ihren Social-Media-Kampagnen und -Übertragungen auf ein Hauptthema.

Es geht darum, sich als die beste Informationsquelle für ein bestimmtes Thema zu profilieren, also weichen Sie nicht zu weit vom Kurs ab. Sie wollen Ihr Publikum oder Ihre Marke nicht verwirren.

VII

Zeigen Sie ihnen, was Sie drauf haben

Ein Influencer zu sein bedeutet auch, die Aufmerksamkeit potenzieller Joint-Venture-Partner auf sich zu lenken, und das bedeutet, dass Sie so transparent wie möglich sein und Informationen bereitstellen sollten, die jemanden davon überzeugen, dass es sich lohnt, eine Partnerschaft mit Ihnen einzugehen.

Zu Beginn sollten Sie eine Form der Nachverfolgung in Ihre Kampagnen einbauen, damit Sie den Verkehr im Auge behalten und diese Informationen auch potenziellen Partnern zur Verfügung stellen können.

Tun Sie dies frühzeitig, damit Sie über wichtige historische Daten verfügen und einem künftigen Partner so viele Informationen wie möglich zur Verfügung stellen können.

Dies beinhaltet:

Die Installation von Google Analytics auf Ihrem Blog, damit Sie den Datenverkehr überwachen und eine monatliche Momentaufnahme des eingehenden Datenverkehrs erhalten können.

Verfolgung der Kanalabonnenten und Konversionsraten, wenn Sie Ihren Kanal monetarisieren.

Überwachen Sie Ihre E-Mail-Marketingkampagnen und achten Sie dabei auf die Abonnenten-, Bindungs- und Öffnungsraten. Jeder, der eine Partnerschaft mit Ihnen anstrebt oder Sie mit der Vermarktung seines Unternehmens beauftragen möchte, wird daran interessiert sein, zu erfahren, wie engagiert Ihre Zielgruppe ist und wie oft sie Ihre E-Mails öffnet und darauf reagiert.

Richten Sie sich frühzeitig auf einen langfristigen Erfolg ein, damit Sie zu gegebener Zeit den richtigen Partner für sich gewinnen können!

VIII

Verbindungen knüpfen

Es ist eine Sache, eine Menge Inhalte zu posten oder Ihren Blog oder Kanal auf dem neuesten Stand zu halten, aber es ist eine andere, sich mit Ihrem Publikum zu beschäftigen.

Als Influencer ist das Engagement das Wichtigste. Das unterscheidet Sie von denjenigen, die es nicht schaffen, einen Stamm aufzubauen und sich mit ihrem Publikum zu verbinden.

Tun Sie also Ihr Bestes, um immer mit denjenigen in Verbindung zu treten und zu kommunizieren, die Ihnen folgen oder Ihre Inhalte abonnieren.

Beantworten Sie Blog-Kommentare, melden Sie sich bei denjenigen, die sich über soziale Medien an Sie wenden, und zeigen Sie den Menschen, dass Sie nicht nur ansprechbar sind, sondern dass Sie wirklich daran interessiert sind, ihnen in irgendeiner Weise zu helfen.

Denken Sie daran, dass die sozialen Netzwerke Algorithmen verwenden, um zu bestimmen, welche Inhalte zuerst gesehen werden und was (und wer) die meiste Aufmerksamkeit erhält. Vieles hängt davon ab, wie engagiert Ihr Publikum ist. Tun Sie also Ihr Bestes, um in Ihrem Markt präsent und aktiv zu sein.

Das ist auch der Grund, warum die Automatisierung so wichtig ist, wenn es darum geht, Ihre Marke aufzubauen und Ihr Publikum anzusprechen. Durch die Automatisierung von Beiträgen, Updates und Sendungen gewinnen Sie Zeit, die Sie nutzen können, um persönlich mit Menschen in Ihrer Nische in Kontakt zu treten und auf sie zu reagieren.

IX

Kollaboration ist Trumpf

Inhalte sind König, klar, aber wenn es darum geht, ein Influencer zu werden, ist Zusammenarbeit alles. Das bedeutet, dass Sie bereit sein müssen, sich zu outen und immer nach Vernetzungsmöglichkeiten Ausschau zu halten.

Treten Sie relevanten Foren und sozialen Gruppen bei, einschließlich beliebter Gruppen auf Facebook, die auf Ihre Nische ausgerichtet sind. Das hilft Ihnen nicht nur, andere Influencer kennenzulernen, sondern bringt Sie auch in Kontakt mit ihren Anhängern und hilft Ihnen herauszufinden, welche Art von Inhalten Sie erstellen können, die gut ankommen.

Eine frühzeitige Zusammenarbeit ist nicht immer einfach, vor allem, wenn Sie auf etablierte Influencer abzielen, die sich bereits eine Fangemeinde aufgebaut und die Grundlage ihrer Marke gefestigt haben.

Konzentrieren Sie sich stattdessen auf die Suche nach möglichen Vernetzungsmöglichkeiten mit Personen, die sich auf dem gleichen Niveau wie Sie befinden.

Halten Sie es einfach! Zusammenarbeit muss nicht unbedingt ein schwieriges Unterfangen sein. Ziehen Sie Gastbeiträge auf beliebten Websites in Ihrem Markt in Erwägung, stellen Sie erfahrenen Bloggern Inhalte zur Verfügung, die dann möglicherweise zukünftige Vernetzungsmöglichkeiten bieten.

Ziehen Sie später in Erwägung, gemeinsam ein digitales Produkt zu entwickeln, oder bieten Sie an, jemanden auf Ihrem wachsenden Kanal vorzustellen.

Die Größe Ihres Publikums spielt eine wichtige Rolle, vor allem wenn es darum geht, Kontakte zu erfahrenen Fachleuten zu knüpfen, aber der Grad des Engagements ist ebenso wichtig.

Wenn Sie einem Influencer zeigen können, dass Sie ein begeistertes Publikum haben und sich dafür einsetzen, dem Markt einen Mehrwert zu bieten, erhöhen Sie Ihre Chancen auf Joint-Venture-Partnerschaften, die Ihnen helfen können, Ihr Unternehmen auf die nächste Stufe zu heben.

Und natürlich trägt die Zusammenarbeit mit Influencern nur dazu bei, Ihre Marke zu stärken. Assoziationen sind alles, wenn es um Online-Geschäfte geht. Wenn Sie sich also mit jemandem zusammentun, der bereits eine große Fangemeinde hat, können Sie deren Stamm anzapfen und Ihre eigene Markenbekanntheit fördern!

Micro-Influencing (ein Begriff, der sich auf Personen mit einem kleineren, aber engagierten Publikum bezieht) ist der erste Schritt, um Ihr Profil aufzubauen und Ihre Bekanntheit zu steigern. Fangen Sie also klein an und formulieren Sie einen Plan, der Ihnen hilft, sich mit anderen in Ihrem Markt zu verbinden, wo Sie sich gegenseitig helfen können, zu wachsen.

Erfolgsstrategien

Gleich zu Beginn sollten Sie sicherstellen, dass jeder Aspekt Ihres Unternehmens professionell und auf Erfolg ausgerichtet ist. Dazu gehört auch, dass Sie Ihre Konten in den sozialen Medien zu professionellen Konten aufrüsten.

Die Konten für Unternehmen bieten viele Vorteile, darunter die Möglichkeit, Beiträge zu planen, aber Sie erhalten auch Zugang zu wichtigen Daten und Metriken, mit denen Sie die Leistung Ihrer Beiträge und Anzeigen genau verfolgen können.

Sie sollten auch andere Bereiche Ihres Unternehmens genau unter die Lupe nehmen, darunter:

Hosting

Vergewissern Sie sich, dass Sie sich für einen zuverlässigen Hosting-Anbieter entscheiden und dass Ihre Website schnell geladen wird. Sie können die Ladegeschwindigkeit von Seiten in Ihrem Google Analytics-Konto ermitteln. Dieses Konto hilft Ihnen auch dabei, Ihre Websites zu optimieren, damit sie besser gefunden werden.

Mailinglisten-Konto

Stellen Sie sicher, dass Sie sich in Ihrer gesamten E-Mail-Korrespondenz zu erkennen geben, einschließlich der Art und Weise, wie jemand Ihre E-Mail ursprünglich abonniert hat. Außerdem sollten Sie sicherstellen, dass es immer eine einfache Möglichkeit gibt, sich von Ihren Sendungen abzumelden.

Ihr Markenauftritt muss ausgefeilt und professionell aussehen und wirken. Dazu gehört alles, von der Grafik oder dem Logo, mit dem Sie Ihr Unternehmen repräsentieren, bis hin zu den Bildern, die als Überschriften in sozialen Medien oder als Startbildschirm für YouTube-Videos verwendet werden.

Wenn möglich, beauftragen Sie einen professionellen Grafikdesigner von Websites wie http://www.UpWork.com, damit Sie sich von der Masse abheben können.

Wenn Sie ein Markenbotschafter sein und hoch bezahlte Partnerschaften und Angebote an Land ziehen wollen, müssen Sie sicherstellen, dass Sie gut repräsentiert sind, und das bedeutet, dass Sie jedem Aspekt Ihrer Marke große Aufmerksamkeit schenken und überlegen müssen, wie Sie ihn im Laufe Ihres Wachstums verbessern können.

XI

Geld verdienen als Influencer

Es gibt viele Möglichkeiten, wie Sie als Influencer Geld verdienen können, angefangen bei bezahlten Beiträgen.

Dies ist der Fall, wenn ein Unternehmen oder eine Marke Sie beauftragt, einen Beitrag über ihre Angebote zu verfassen, oder Sie bittet, ihre Produkte oder Dienstleistungen zu bewerten.

Das Ziel Ihres Posts ist es, die Marke Ihres Kunden bei neuen Followern bekannt zu machen und ihnen dabei zu helfen, ihre Bekanntheit zu steigern, indem Sie Ihr bestehendes Publikum nutzen.

Das bedeutet, dass Sie die Angebote, die Sie zur Erstellung von Beiträgen für ein Unternehmen erhalten, genau prüfen sollten.

Schließlich kann ein Beitrag als Befürwortung dienen, weshalb Sie darauf achten sollten, mit wem Sie Ihre Marke in Einklang bringen.

Sie denken vielleicht, dass nur erfahrene Influencer mit

einer großen Fangemeinde beauftragt werden, Beiträge und Artikel zu verfassen, die die Marke eines Unternehmens hervorheben, aber das stimmt bei weitem nicht.

Viele Unternehmen sind immer auf der Suche nach Mikro-Influencern, die gerade erst anfangen, auf dem Markt Fuß zu fassen, weil sie oft vertrauenswürdiger sind als diejenigen, die das schon länger tun.

Geben Sie sich also nicht geschlagen, auch wenn Sie noch ganz am Anfang stehen. Das Wichtigste ist, dass Sie einem potenziellen Kunden zeigen können, dass Sie sich als Marktführer etabliert haben und Ihr Publikum kontinuierlich vergrößern.

Ihr Wachstum darf nicht stagnieren. Sie müssen ständig neue Abonnenten gewinnen, sich mit Ihrem Publikum verbinden und Ihr Markenfeuer weiter anfachen.

Marken sind auf der Suche nach überzeugenden Influencern, die ihnen helfen können, neue Kunden anzusprechen, also sollten Sie in der Lage sein, Ihre Fähigkeit zu demonstrieren, dies für sie zu tun.

Ein wichtiger Punkt, den Sie bei der Annahme von bezahlten Beiträgen beachten sollten, ist, dass Sie Ihrem Publikum gegenüber immer transparent sein müssen. Genau wie beim Affiliate-Marketing, wo es wichtig ist, die Leser darüber zu informieren, dass Sie für die Empfehlung von Produkten oder Dienstleistungen eine Vergütung erhalten können, gilt für die Erstellung von bezahlten Beiträgen dieselbe Regel.

Sie sollten offen über Ihre Beziehung zu Ihrem Kunden sprechen und die Leute wissen lassen, dass Sie möglicherweise für den Beitrag belohnt oder entschädigt werden.

Das Letzte, was Sie wollen, ist, Ihren Ruf oder Ihre Marke zu schädigen, indem Sie diese Informationen nicht offenlegen, denn die Chancen stehen gut, dass Ihr Publikum später davon erfährt.

Wenn Sie mit der Erstellung von bezahlten Beiträgen in sozialen Medien beauftragt werden, können Sie Ihr Publikum auf einfache Weise darüber informieren, dass Sie eine Vergütung erhalten, indem Sie unter Ihrem Nutzernamen in sozialen Medien oder im Beitrag selbst "Bezahlte Partnerschaft mit FIRMENNAME" hinzufügen. Sie können den Beitrag auch mit dem Hashtag #ad oder #partnership kennzeichnen, um dies zu verdeutlichen.

Sie könnten auch zum Markenbotschafter werden. Unternehmen engagieren Influencer, um ihre Markenbekanntheit zu steigern, und bezahlen sie auf einer Art Honorarbasis.

Der Influencer ist dann dafür verantwortlich, einem Unternehmen zu helfen, sein Engagement zu optimieren und seine Social-Media-Plattformen zu fördern, um seine Reichweite zu erhöhen.

XII

Sponsoren gewinnen

Okay, Sie sind also bereit, als Influencer Geld zu verdienen! Der nächste Schritt besteht darin, die richtigen Sponsoren und Partnerschaften zu gewinnen.

Eine der einfachsten Möglichkeiten ist, selbst nach Partnerschaften oder Kunden zu suchen, indem Sie nach Hashtags (#ad, #partnership usw.) suchen, die von anderen Influencern verwendet werden. Auf diese Weise können Sie schnell herausfinden, wer Influencer anheuert und an welcher Art von Beiträgen sie interessiert sind.

Das Wichtigste ist, dass Sie so viel wie möglich über Ihren durchschnittlichen Sponsor und dessen Publikum erfahren. Vergewissern Sie sich, dass ihre Anhängerschaft mit der Ihren übereinstimmt, damit Sie eine für beide Seiten vorteilhafte Partnerschaft aufbauen können, die beiden Marken zugute kommt.

Wenn es um die Preisgestaltung geht, sollten Sie sich Zeit nehmen, um die Preise für verschiedene Arten von Angeboten zu ermitteln. Denken Sie daran, dass eine zu niedrige

Preisgestaltung auch eine Abwertung Ihrer Marke und eine Minimierung Ihres Nutzens bedeutet.

Oft werden Unternehmen nicht auf diejenigen schauen, die lächerlich niedrige Preise verlangen, sondern auf eine Marke, die ihren Wert kennt.

Höhere Tarife sind oft gleichbedeutend mit einem größeren wahrgenommenen Wert, also bedenken Sie dies, wenn Sie festlegen, was Sie möglichen Kunden in Rechnung stellen wollen.

Ihre Preise hängen auch davon ab, ob es sich um einen einmaligen Auftrag handelt oder ob das Unternehmen Sie regelmäßig einstellen will. Ziehen Sie Sonderpreise für langfristige Kunden in Betracht. Außerdem sollten Sie Ihre Preise an den Plattformen orientieren, für die Sie eingesetzt werden sollen.

Wenn Ihre Followerschaft auf Pinterest nur halb so groß ist wie Ihre Followerschaft auf Instagram und sich ein Unternehmen nur auf Pinterest konzentriert, müssen Ihre Preise entsprechend angepasst werden.

Seien Sie immer offen und ehrlich zu den Unternehmen, die Sie beauftragen. Wenn Sie noch daran arbeiten, sich in einem Bereich eine Fangemeinde aufzubauen, aber das Gefühl haben, dass Ihre Markenstärke auf einer anderen Plattform stärker ist, lassen Sie sie wissen, dass Sie langfristige, vertrauensvolle Partnerschaften mit Kunden aufbauen möchten, die wissen, dass sie auf Sie zählen können.

XIII

Schlusswort

Es wird einige Zeit dauern, bis Sie eine Fangemeinde aufbauen und eine Verbindung zu Ihrem Stamm aufbauen können. Das Wichtigste ist, dass Sie konsequent bleiben und Ihr Bestes geben, um mit Ihrem Publikum zu kommunizieren.

Bieten Sie so viel Wert wie möglich, damit nicht nur potenzielle Kunden Ihr Engagement für qualitativ hochwertige Inhalte erkennen, sondern auch potenzielle Partner auf Sie aufmerksam werden. Je früher Sie auf deren Radar erscheinen, desto besser, und es gibt keinen besseren Weg als die Erstellung von Inhalten, die für Gesprächsstoff sorgen.

Konzentrieren Sie sich zunächst auf die Gemeinschaft. Ziehen Sie die Gründung einer eigenen Facebook-Gruppe, einer Mitgliederseite oder eines Schulungsprogramms in Betracht. Diese Dinge helfen Ihnen, sich als Experte und Marktführer in Ihrem Markt zu etablieren.

Geben Sie niemals auf, Sie werden das schaffen!

XIV

Ressourcen

Hier finden Sie Links zu einigen der in diesem Leitfaden enthaltenen Ressourcen.

Rückenwind:

https://www.tailwindapp.com

Hilft Ihnen, Ihre Pinterest- und Instagram-Aktivitäten, Ihre Follower und Ihr Gesamtwachstum zu überwachen. Unverzichtbares Tool für Influencer. Der einfachste Weg, Ihren Pinterest-ROI zu überwachen.

Nischenforschung:

https://www.Amazon.com & https://www.Youtube.com

Schlüsselwort-Recherche:

https://www.wordstream.com

Suche nach Hashtags:

https://www.all-hashtag.com/hashtag-generator.php

Verwenden Sie das Tool All Hashtag Generator, um schnell beliebte Hashtags in Ihrer Nische zu finden.

www.ingramcontent.com/pod-product-compliance
Lightning Source LLC
Chambersburg PA
CBHW050320220526
45465CB00005B/2068